Dudu Dada

María Furquet
ilustrado por Daniel Griffo

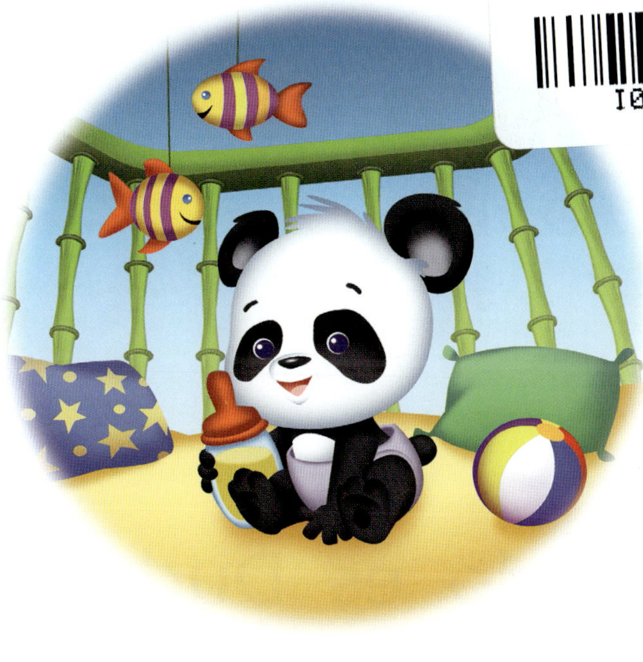

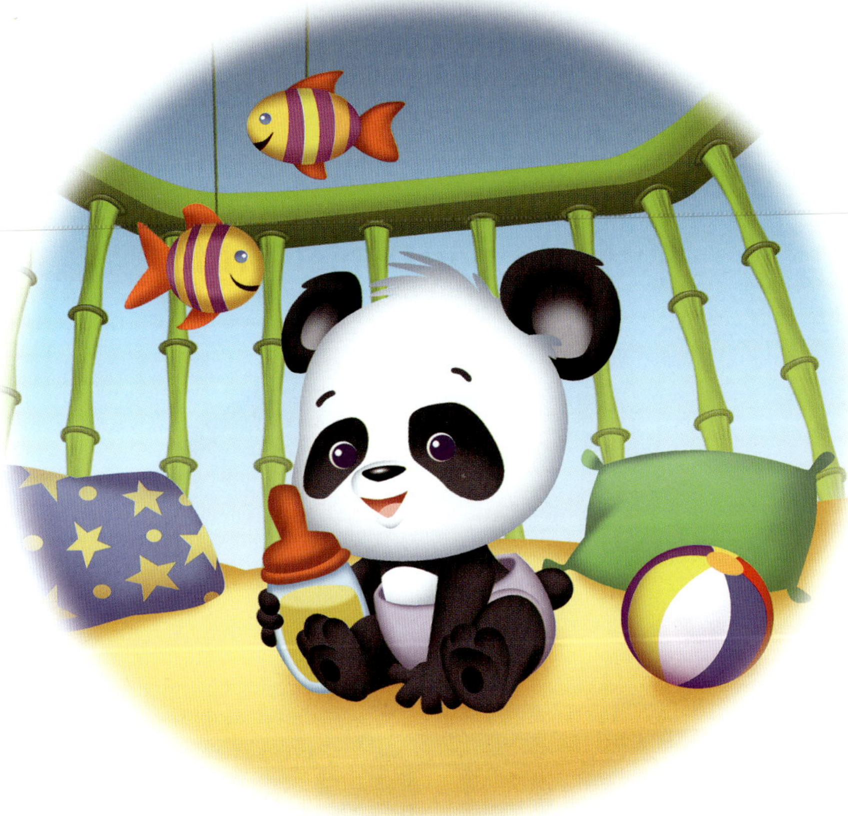

Mi apodo es Dudu Dada.

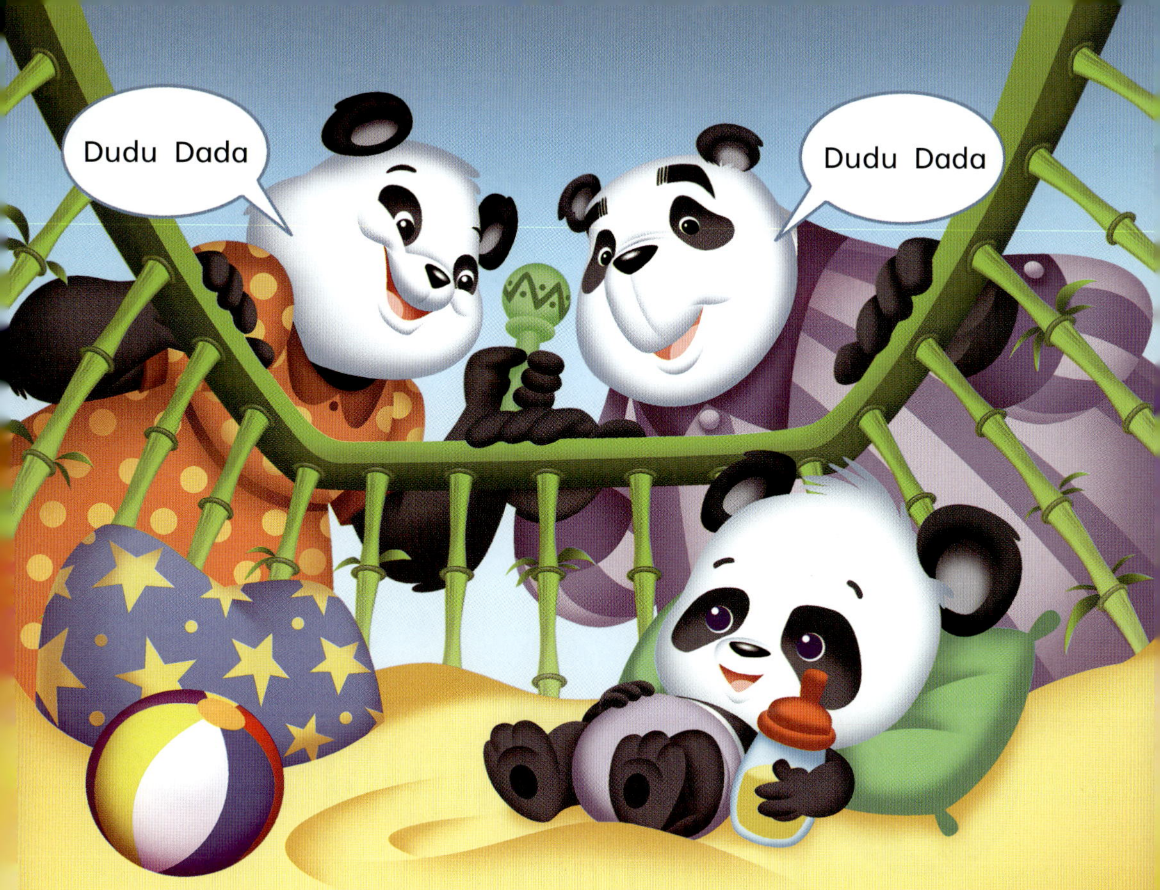

Mamá y papá.

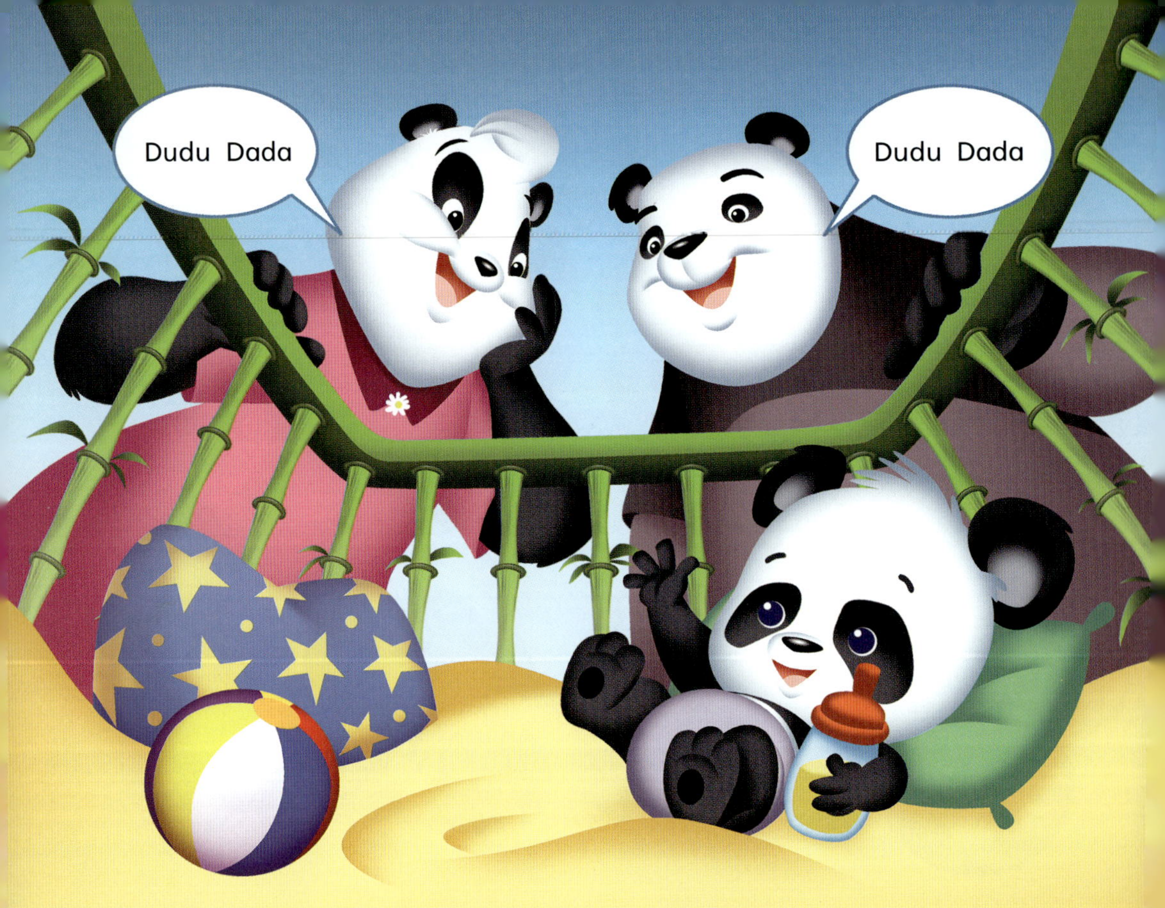

Tío y tía.

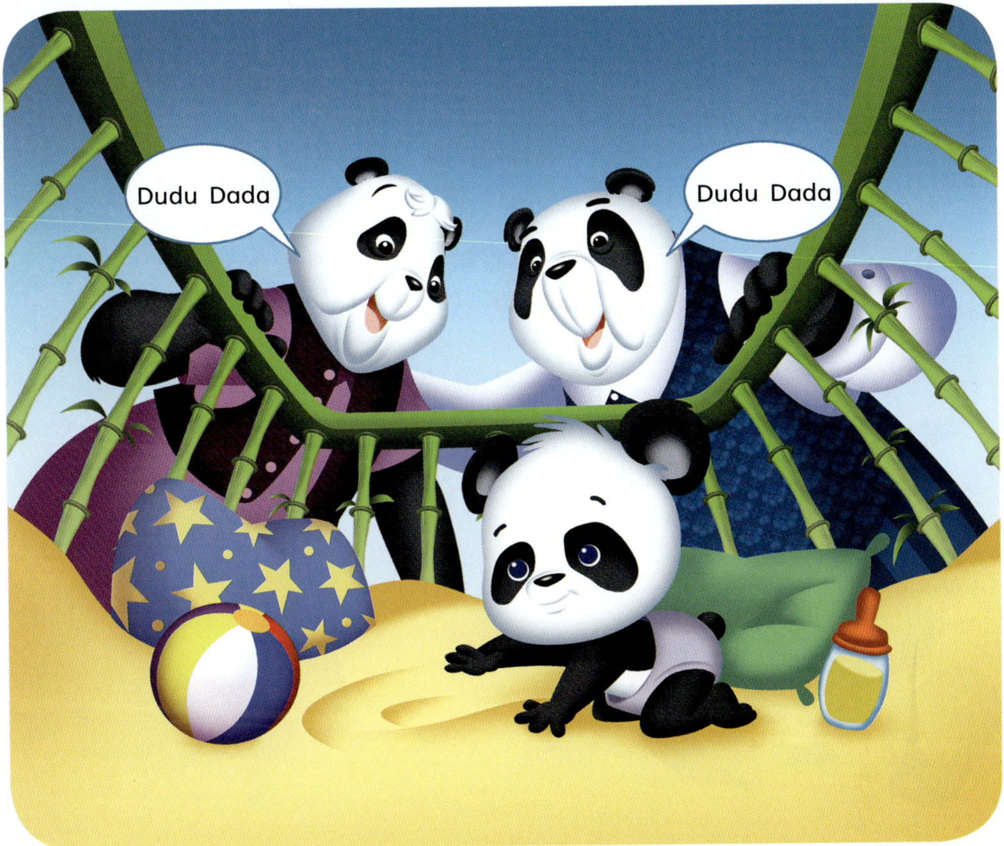

Nana y nono.

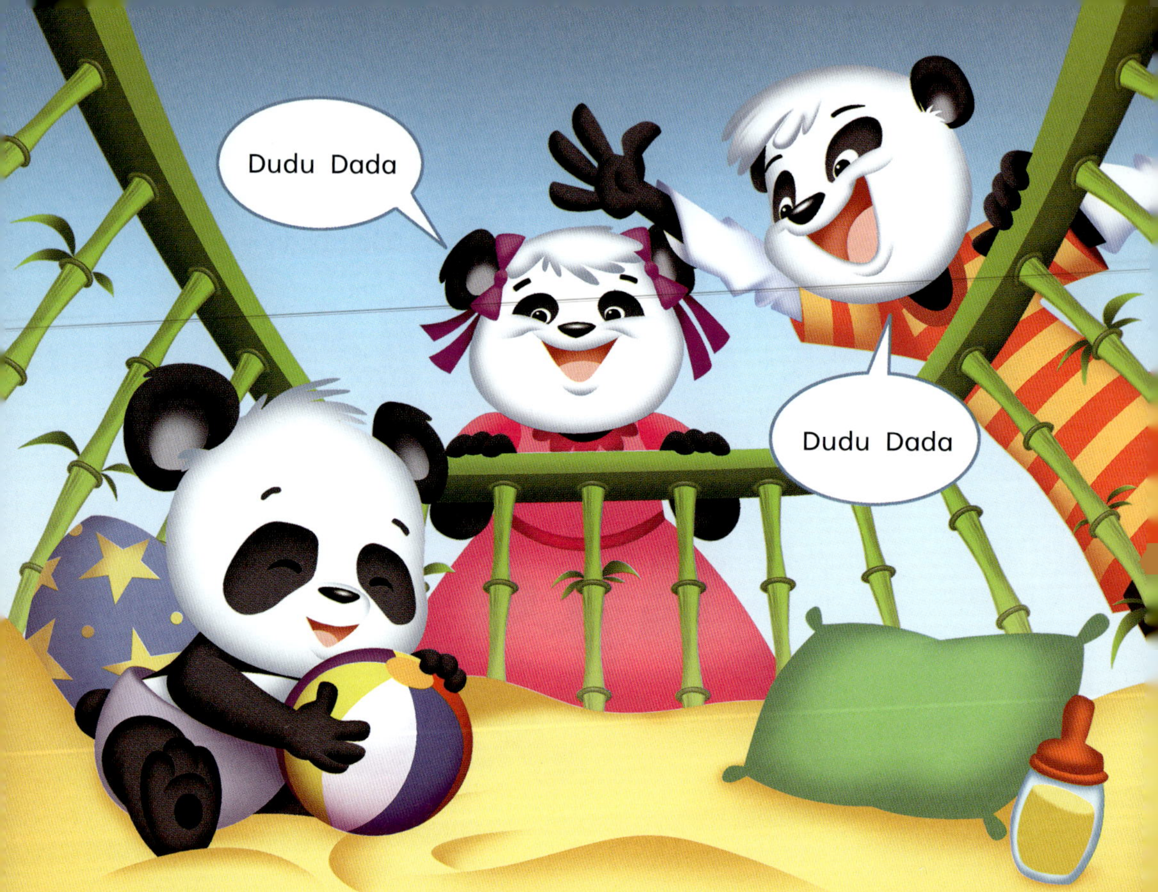

Dina y Pepe.

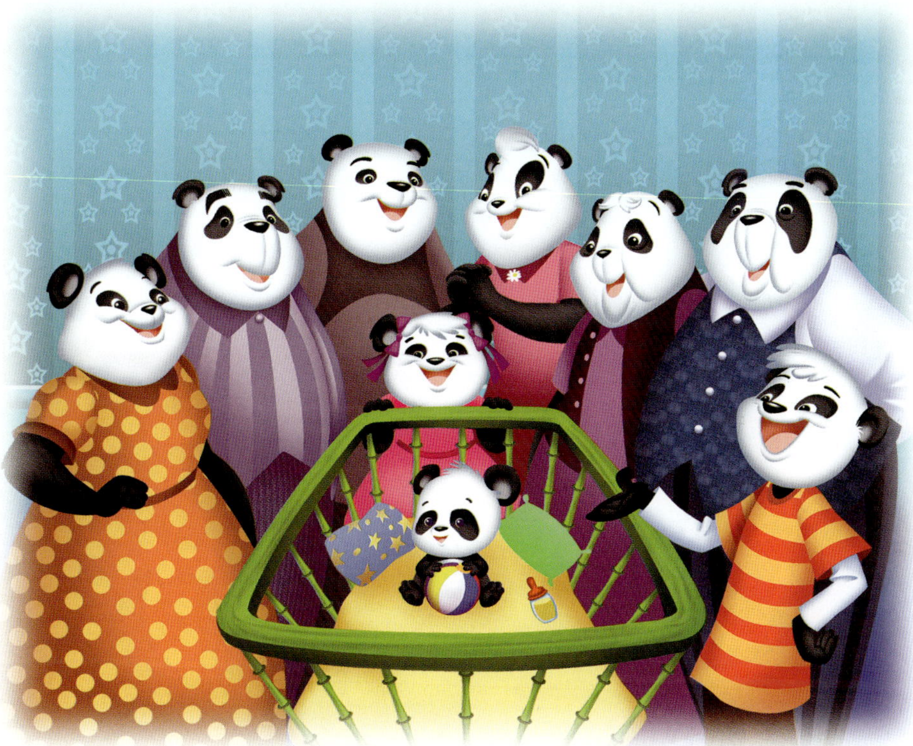

Mamá y papá. Tío y tía.
Nana y Nono. Dina y Pepe.

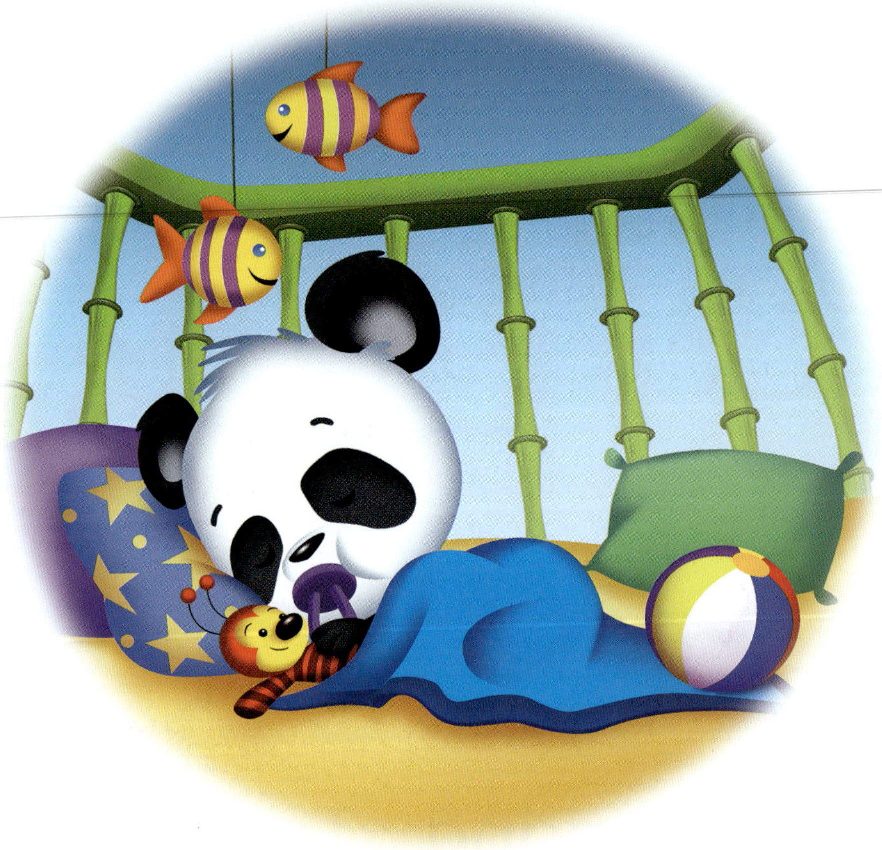

Mi apodo es Dudu Dada.